Volume 3

BIBLIOTECA DO GESTOR

Empreendedorismo, Inovação e Mudança Organizacional

TÍTULO ORIGINAL
Empreendedorismo, Inovação e Mudança Organizacional - Volume III

© Manuel Alberto Ramos Maçães e Conjuntura Actual Editora, 2017

Todos os direitos reservados

AUTOR
Manuel Alberto Ramos Maçães

CONJUNTURA ACTUAL EDITORA
Sede: Rua Fernandes Tomás, 76-80, 3000-167 Coimbra
Delegação: Avenida Engenheiro Arantes e Oliveira, n.º 11 – 3.º C
1900-221 Lisboa – Portugal
www.actualeditora.pt

DESIGN DE CAPA
FBA.

PAGINAÇÃO
Edições Almedina

IMPRESSÃO E ACABAMENTO
PAPELMUNDE, SMG

Abril, 2017

DEPÓSITO LEGAL
424257/17

Toda a reprodução desta obra, por fotocópia ou outro qualquer processo, sem prévia autorização escrita do Editor, é ilícita e passível de procedimento judicial contra o infrator.

 | GRUPOALMEDINA

BIBLIOTECA NACIONAL DE PORTUGAL – CATALOGAÇÃO NA PUBLICAÇÃO

MAÇÃES, Manuel Alberto Ramos, 1946-

Empreendedorismo, inovação e mudança organizacional. – (Biblioteca do gestor ; 3)
ISBN 978-989-694-220-5

CDU 658

Volume 3

BIBLIOTECA DO GESTOR

Empreendedorismo, Inovação e Mudança Organizacional

Índice

Lista de Figuras 7

Prefácio 9

Capítulo 1 – Empreendedorismo e Novos Negócios 13

    Empreendedorismo. 16
    Criatividade, Inovação e Empreendedorismo. 18
    Caraterísticas dos Empreendedores 23
    Fases do Processo de Empreendedorismo 24
    Sucesso e Fracasso dos Negócios 29
    Formas Alternativas de Empreendedorismo 33
    Empreendedorismo Empresarial. 33
    Desinvestimento e Spin-Offs 36
    Franquia (Franchising) 37
    Empreendedorismo Social 38
    Empreendedorismo e Novos Negócios 39
    Desenvolvimento de um Plano de Negócios. 41
    Parte 1. Sumário Executivo 42
    Parte 2. Descrição do Negócio 42
    Parte 3. Visão, Missão e Objetivos 43

Parte 4. Análise do Ambiente Externo:
    Oportunidades e Ameaças 43
Parte 5. Análise do Ambiente Interno: Trunfos e Fraquezas . . 44
Parte 6. Produtos ou Serviços 44
Parte 7. Análise do Mercado. 45
Parte 8. Formulação e Implementação
    da Estratégia de Negócio 46
Parte 9. Gestão e Organização 46
Parte 10. Plano Financeiro 46
Parte 11. Avaliação e Controlo 47
Modelo Típico de um Plano de Negócios 47
Resumo do Capítulo 49
Questões. 51
Referências 53

Capítulo 2 – Inovação e Mudança Organizacional. 55

Centralização e Descentralização 58
Inovação Organizacional 60
Gestão da Mudança Organizacional 64
Implementação da Mudança 66
Tipos de Mudança Organizacional 70
O Processo de Mudança Organizacional. 72
Metáfora das Águas Calmas 72
Metáfora das Águas Turbulentas 74
Gestão da Resistência à Mudança 75
Resumo do Capítulo 78
Questões. 79
Referências 80

Lista de Figuras

Figura 1.1 Cadeia de Valor do Empreendedorismo   21

Figura 1.2 Fases do Processo de Empreendedorismo   27

Figura 2.1 Uma estrutura para Analisar Organizações   65

Figura 2.2 Etapas do Processo de Mudança Organizacional . . .   67

Figura 2.3 Tipos de Mudança Organizacional   70

Figura 2.4 Fases do Processo de Mudança   73

Figura 2.5 Resistência à Mudança   76

Prefácio

A gestão é uma área do conhecimento das ciências sociais muito recente, na medida em que só a partir dos anos 80 ganhou a maioridade e o estatuto de autonomia relativamente à economia. Para compreendermos este fenómeno basta atentarmos no facto de que, até essa altura, apenas havia cursos de economia, contabilidade e finanças nas nossas universidades e institutos politécnicos, que continham nos seus planos de curso algumas disciplinas de áreas afins à gestão, mas não havia cursos específicos de gestão.

Nos finais do século XX e início do século XXI assistiu-se a um crescimento exponencial da gestão, seja pelo aumento das necessidades das empresas, motivado pela complexidade dos problemas que começaram a ter que enfrentar, em virtude designadamente do fenómeno da globalização e do aumento da concorrência internacional, seja pela forte atração dos candidatos pelos inúmeros programas de licenciatura e pós-graduação em gestão que proliferam pelas universidades e institutos politécnicos. Os números falam por si e os cursos de gestão são dos que motivam maior interesse dos jovens candidatos ao ensino superior e que continuam a oferecer maiores oportunidades de empregabilidade.

Presume-se, por vezes, que os bons gestores têm qualidades inatas e que apenas precisam de pôr em prática essas qualidades para serem bons gestores, relegando-se para segundo plano o estudo das teorias e técnicas de gestão. Nada de mais errado e perigoso. A gestão estuda-se e os bons gestores fazem-se aplicando na prática a teoria. Os princípios de gestão são universais, o que significa que se aplicam a todas as organizações, sejam grandes ou pequenas, públicas ou privadas, com fins lucrativos ou sem fins lucrativos. A boa gestão é necessária em todas as organizações e em todas as áreas de negócio ou níveis organizacionais.

Esta postura de se pensar que, para se ser bom gestor, basta ter bom senso e caraterísticas inatas de liderança é errada, tem um preço elevado e é responsável pelo fracasso e falência de inúmeras empresas e organizações. Ao contrário da opinião generalizada, que advoga a inutilidade dos conhecimentos teóricos, há estudos que comprovam a relação benéfica da teoria com a prática e que há inúmeros casos, em Portugal e no estrangeiro, de empresas bem geridas por executivos com forte formação teórica e académica.

Esta **miopia de gestão**, mesmo entre os gestores, justifica, por si só, a apresentação desta biblioteca do gestor.

O objetivo desta coleção, de que este é o primeiro volume, é facultar a estudantes, empregados, patrões, gestores de todos os níveis e investidores, de uma forma acessível, as principais ideias e desenvolvimentos da teoria e prática da gestão. As mudanças rápidas que se verificam no ambiente dos negócios, a nível interno e internacional, pressionam as organizações e os gestores no sentido de procurarem novas formas de resposta aos novos desafios, com vista a melhorar o desempenho das suas organizações. Este livro, bem como os restantes da coleção, visa também estimular o gosto dos estudantes e gestores pelos assuntos da gestão, ao apresentar no final de cada capítulo questões específicas para discussão de cada tópico.

Ao elaborar esta coleção, tivemos a preocupação de ir ao encontro das necessidades que hoje se colocam aos gestores e de tornar o texto relevante e facilmente percetível por estudantes e gestores menos versados em temas de gestão. Além de sistematizar os desenvolvimentos da teoria da gestão, desde a sua origem até aos nossos dias e de estudar as funções do gestor, nesta coleção são apresentados e discutidos os principais métodos, técnicas e instrumentos de gestão nas áreas da produção, do marketing, da gestão financeira e da gestão dos recursos humanos, para além da preocupação de fazer a ligação da teoria com a prática. Daí a razão da escolha do título para a coleção...

Capítulo 1
Empreendedorismo e Novos Negócios

Muitas pessoas ambicionam lançar os seus próprios negócios. Alguns decidem iniciar um negócio porque tiveram uma ideia e aspiram a ser independentes. Outros decidem lançar um negócio porque perderam o seu emprego ou a empresa onde trabalhavam encetou um processo de *downsizing* que os afetou diretamente e têm dificuldade em arranjar outra ocupação por conta de outrem.

Fruto das mudanças na economia, o interesse pelo empreendedorismo tem vindo a crescer de forma acentuada, assumindo hoje um papel relevante nas sociedades modernas. Universidades e institutos politécnicos têm vindo a lançar os seus programas e cursos de pós-graduação em empreendedorismo. O empreendedorismo está hoje mais facilitado, porque os empreendedores podem dispor de apoio de incubadoras que foram crescendo à volta das universidades e dos centros de investigação e que dão apoio logístico, formação e acesso a redes de contactos, essenciais durante a fase de lançamento e crescimento do negócio.

Neste capítulo, vamos apresentar os principais fundamentos do empreendedorismo e apresentar algumas técnicas que ajudam os gestores a tomar as melhores decisões no processo de criação de novos negócios, designadamente a elaboração de um plano de negócio.

Depois de ler e refletir sobre este capítulo, o leitor deve ser capaz de:

- Explicar o que é o empreendedorismo e descrever algumas caraterísticas de um empreendedor típico.
- Perceber a importância do empreendedorismo na economia moderna.
- Distinguir entre criatividade, inovação e empreendedorismo.
- Entender as razões por que falham os negócios.
- Descrever as etapas do processo de empreendedorismo.
- Identificar formas alternativas de empreendedorismo.
- Explicar o que é e qual a importância do empreendedorismo social.

Empreendedorismo

Empreendedorismo (*Entrepreneurship*) é o processo de procurar novas oportunidades de negócio, geralmente em resposta a solicitações de mercado. Empreendedorismo é também o processo de iniciar um negócio, obter os recursos necessários, assumir os riscos inerentes ao projeto e beneficiar dos benefícios potenciais. Os empreendedores são indivíduos que procuram os negócios, assumem os riscos e beneficiam dos resultados.

Os empreendedores reconhecem a viabilidade da ideia de produzir um produto ou serviço e avançam com essa ideia, obtendo os recursos necessários, como capital, pessoas, maquinaria e escolhem a localização ideal para o projeto. Os empreendedores são uma importante fonte de criatividade no mundo dos negócios e fazem grandes fortunas quando os seus negócios têm sucesso.

Mas nem todos os empreendedores têm os mesmos objetivos. Alguns empreendedores lançam os seus próprios negócios com o objetivo de conquistarem a sua independência financeira e profissional. Estes empreendedores sentem-se realizados quando o negócio corre bem e não aspiram a construir grandes impérios. Outros empreendedores, mais ambiciosos, têm como objetivo o crescimento e expansão e aspiram a transformar os seus negócios em grandes empresas ou grandes grupos económicos. Estes são os verdadeiros empreendedores. É o caso da Zara, que começou com uma pequena empresa no setor têxtil tradicional no norte da Galiza e conseguiu, em pouco tempo, transformar essa pequena empresa num dos maiores grupos económicos, sendo actualmente o seu fundador um dos homens mais ricos do mundo.

O empreendedorismo tem vindo a assumir um papel crescente nas sociedades modernas. Na sociedade pós-industrial, as grandes empresas já não assumem o papel e a importância que tiveram no passado. As empresas têm vindo a reduzir sistematicamente o número de trabalhadores, com o objetivo de reduzir custos. Hoje as melhores empresas já não são as maiores empresas. O recurso cada vez mais a *outsourcing,* a existência cada vez mais de organizações virtuais e a fragmentação do mercado, estão a obrigar as empresas a uma rápida adaptação às novas condições do mercado.

As pequenas empresas têm vindo a assumir um papel importante na economia moderna, porque têm vantagens competitivas relativamente às grandes empresas. São mais flexíveis, porque se adaptam mais facilmente às mudanças na economia, motivadas pelo fenómeno da globalização e pelo aumento da concorrência, porque têm vindo a demonstrar grande capacidade de inovar com recurso a tecnologias avançadas, porque procuram novos nichos de mercado e porque podem ter uma relação mais personalizada com os clientes, capacidades que não estão ao alcance das grandes empresas.

Criatividade, Inovação e Empreendedorismo

O sucesso a longo prazo de uma organização está muitas vezes associado à ideia de inovação, ou seja, à capacidade de explorar e desenvolver novos produtos, novos serviços ou novas tecnologias. Fundamentalmente, inovação é fazer algo de diferente. A inovação pode implicar mudanças radicais ou mudanças incrementais. As mudanças radicais tornam as tecnologias anteriores obsoletas, enquanto as mudanças incrementais visam melhorar as tecnologias existentes. Por exemplo, a introdução das máquinas fotográficas digitais tornou as máquinas de rolos absolutamente obsoletas, enquanto a introdução dos HD, LED ou 3D visaram melhoraram os plasmas ou LCD's existentes.

Muitos autores acreditam que a inovação é um fator crítico de sucesso e que, para terem sucesso, as inovações devem acrescentar valor e resultar nalgum tipo de ganho ou melhoria para as organizações e para os clientes. Se não acrescentar valor, uma nova ideia ou produto pode ser uma invenção, mas não se pode qualificar como uma inovação. Para ser um inovador, o empreendedor deve encontrar uma forma de implementar a sua ideia de tal modo que torne o produto ou serviço mais barato ou mais eficiente e comercialmente viável.

A inovação é a essência do empreendedorismo. Para haver empreendedorismo é preciso haver novas ideias, mas as novas ideias nem sempre se traduzem em inovação e se não se traduzirem em novos projetos e não se transformarem em novos produtos, novos serviços ou novos métodos de fabrico, então essas ideias não passam de mera **criatividade**. A criatividade é necessária para a inovação, mas não é suficiente. A criatividade é a capacidade para combinar novas ideias numa forma única de fazer coisas novas, ao passo que inovação é o processo de desenvolver uma ideia criativa e transformá-la num produto, num serviço ou num novo método de fabrico.

A inovação tecnológica pode ser de dois tipos: **inovação radical** e **inovação incremental**. A inovação radical é uma mudança fundamental em tecnologia que resulta na produção de novos bens ou novos serviços. A inovação tecnológica incremental consiste no refinamento da tecnologia existente que leva à melhoria das qualidades e funcionalidades dos produtos existentes. Por exemplo, a Intel tem vindo a introduzir uma série de melhoramentos incrementais nos seus microprocessadores, tornando-os mais rápidos e com maior capacidade de processamento de dados e informação. Também a Microsoft e a Google têm feito imensos melhoramentos incrementais do Windows e nos motores de busca, respetivamente.

As inovações radicais de produtos são relativamente raras, sendo muito mais frequentes, porque mais fáceis e menos arriscadas, as inovações incrementais. Por exemplo, cada vez que a Apple lança um novo iphone com mais funcionalidades, está a fazer inovações incrementais do produto.

Da mesma forma, sempre que uma marca redesenha um novo modelo de carro está a promover inovações incrementais do produto. O facto da inovação incremental ser menos radical que a inovação radical não significa que as inovações incrementais do produto são menos importantes que as inovações tecnológicas. De facto, é a capacidade dos gerentes de desenvolverem com sucesso a inovação incremental dos produtos que determina o sucesso ou o fracasso das suas empresas.

Uma opção atrativa para encorajar novas ideias a empreendedores que desejam desenvolver um novo negócio é juntar-se a uma incubadora de negócios. A grande vantagem de uma incubadora é que um empreendedor que tenha uma boa ideia tem um local para desenvolver o seu projeto, sem ter que se preocupar com arranjar instalações, para além de poder partilhar serviços de apoio à gestão. As incubadoras também dão aos empreendedores a oportunidade de partilhar informação sobre a localização dos negócios, apoios financeiros disponíveis e oportunidades de mercado.

As incubadoras desempenham um papel crescente e importante no nascimento e desenvolvimento de *start-ups* e na ligação das empresas à universidade, isto é, na transformação do conhecimento em empreendedorismo. A ideia de incubadora proporciona um "porto seguro", onde as ideias podem ser desenvolvidas sem interferências burocráticas, para além de proporcionar o apoio e o estímulo ao empreendedor.

Se analisarmos toda a cadeia de valor do empreendedorismo, verificamos que começa na universidade, que é o local privilegiado para gerar conhecimento e acaba nas incubadoras, que são os veículos ideais para transformar o conhecimento em inovação (Figura 1.1):

CAPÍTULO 1 — EMPREENDEDORISMO E NOVOS NEGÓCIOS 21

Figura 1.1 Cadeia de Valor do Empreendedorismo

Um aspeto importante da inovação é proporcionar mecanismos de coordenação interna e externa à organização. As ideias para a inovação de produtos e tecnologia nascem tipicamente aos níveis mais baixos da organização e circulam entre os departamentos. Também muitas vezes as pessoas e organizações exteriores à empresa podem ser fontes valiosas de ideias inovadoras.

As empresas estão cada vez mais focadas no sentido de encontrar novas ideias, quer no seu interior quer externamente, designadamente junto dos clientes, que traduzem as necessidades do mercado e são uma importante fonte de inovação. Internamente, os departamentos de investigação e desenvolvimento (I&D) e de produção e marketing são os que podem dar um maior contributo para o desenvolvimento de novos produtos e novas tecnologias. Os colaboradores destes departamentos juntam-se muitas vezes em grupos de trabalho para partilhar ideias e resolver problemas e são uma fonte poderosa de inovação.

O departamento de marketing pode dar um importante contributo para o desenvolvimento de novos produtos, porque são as pessoas que trabalham nesse departamento quem melhor conhece as tendências do mercado e a evolução dos gostos dos consumidores. O departamento de produção tem também aqui um importante papel, na medida em que tem que se ajustar, em termos de custos de produção, às tendências do mercado e adaptar a qualidade do produto ao preço a que o mercado está disposto a pagar pelo produto. Finalmente, o departamento de I&D informa o departamento de marketing sobre os novos desenvolvimentos tecnológicos, com vista a averiguar da sua utilidade para o cliente.

Mas as empresas dos nossos dias recorrem cada vez mais a fontes externas para inovação dos seus produtos ou processos de fabrico. As empresas de maior sucesso incluem os clientes, os parceiros estratégicos e os fornecedores diretamente no processo de desenvolvimento de novos produtos ou novos serviços. No passado, as empresas criavam as suas próprias ideias no seu interior e depois desenvolviam, produziam, comercializavam e distribuíam os novos produtos, num processo que podemos designar como um processo de **inovação fechado**. Hoje em dia, muitas empresas adotam um processo **aberto de inovação**, que consiste em alargar a pesquisa e a comercialização de novas ideias ao exterior, nomeadamente às universidades e a centros de investigação.

As coisas estão a mudar e hoje entende-se que são mais úteis para a organização as parcerias e a colaboração com os principais *stakeholders* do que a independência e a competição e que as fronteiras entre a organização e o seu meio ambiente estão a ficar mais esbatidas e que é mais útil para a organização cooperar com o seu meio ambiente do que isolar-se e fechar-se no seu interior. Através da inovação aberta, as ideias fluem e é mais útil para todos entrar no processo através da negociação de parcerias, *joint ventures*, licenciamentos e outras alianças do que lutar sozinho contra tudo e contra todos.

Caraterísticas dos Empreendedores

Os empreendedores muitas vezes têm capacidades e caraterísticas próprias que os diferenciam das outras pessoas e os distinguem dos empregados por conta de outrem. Os empreendedores também se distinguem dos gestores. Os empreendedores atribuem muita importância à possibilidade de serem independentes, não só no sentido de terem mais dinheiro ou a possibilidade de disporem do seu tempo, mas fundamentalmente ao facto de se libertarem do medo de arriscar, isto é, serem ousados e assumirem riscos e serem livres de maximizar o seu potencial. Enquanto os empregados desejam segurança, os empreendedores procuram a liberdade e a autonomia.

Na realidade, os empreendedores têm alguns traços comuns que os diferenciam das outras pessoas, designadamente:

- Identificam oportunidades de negócio.
- Aprendem a utilizar os recursos alheios.
- Têm diferentes estilos de gestão para gerir diferentes situações e diferentes pessoas.
- São orientados para a equipa e sabem motivar os outros.
- Estão em constante processo de aprendizagem.
- Têm uma formação mais generalista e menos especializada.
- Têm autoconfiança, coragem e capacidade de ultrapassar o medo.

Quando os empreendedores não têm estas caraterísticas, o negócio corre sérios riscos de estar condenado ao fracasso. Mas esta situação não é surpreendente, porque falhar é a regra dos negócios e não a exceção. De acordo com estatísticas publicadas pelo Departamento de Comércio dos Estados Unidos (*U.S. Commerce Department, Small Business Administration*), cerca de 40% dos negócios falham durante o primeiro ano de atividade, cerca de 60% falham no segundo ano de vida e cerca de 90% falham ao fim de três anos, pelo que, em regra, só 10% dos projetos vingam e se tornam grandes empreendimentos. O sucesso das organizações prende-se com a competência da gestão e a presença ou ausência de caraterísticas dominantes de um empreendedor.

Mas, para ser um empreendedor de sucesso, não basta criar um novo produto que vá de encontro às necessidades dos clientes e ter as caraterísticas acima referidas. É preciso mais para que o projeto tenha sucesso a longo prazo. Se a ideia é viável e o negócio floresce, o empreendedor deverá ter a abertura de espírito suficiente para saber delegar e contratar gestores responsáveis pela organização e controlo das áreas funcionais, como o marketing, finanças e operações, necessárias para que o crescimento da organização seja bem-sucedido.

Saber delegar e construir uma equipa de gestão coesa e competente é uma das principais qualidades do empreendedor, quando o negócio atinge uma determinada dimensão que ultrapassa as suas capacidades de coordenação e controlo.

Fases do Processo de Empreendedorismo

Quando se pretende lançar um negócio, o primeiro passo é ter uma ideia do que se pretende fazer, mas boas ideias não são necessariamente boas oportunidades de negócio. Uma oportunidade de negócio tem as qualidades de ser atrativa, duradoura e oportuna e estar ancorada num produto ou serviço que crie valor para o cliente.

Para ter sucesso, o processo de empreendedorismo deve seguir pelo menos as seguintes oito etapas:

1. Ter uma ideia e encontrar uma oportunidade de negócio.
2. Encontrar as pessoas certas para construir uma equipa competente e coesa.
3. Encontrar capital e outros recursos necessários.
4. Ter uma boa estratégia.
5. Desenvolver um plano de negócios realista (*business plan*).
6. Implementar o plano de negócios conforme planeado.
7. Controlar a execução.
8. Ter capacidade de gestão.

São várias as motivações para iniciar um negócio e várias as fontes de novas ideias, mas as principais são (1) um conhecimento profundo da indústria por parte dos empreendedores, adquirido fundamentalmente nas anteriores experiências de trabalho e (2) a deteção de nichos de mercado por explorar ou insuficientemente explorados. Seja qual for a forma de deteção do negócio, o seu sucesso resultará sempre de um *mix* de capacidades próprias, da experiência do empreendedor e das necessidades do mercado.

Muitas vezes a ideia inicial do empreendedor é criar um pequeno negócio que assegure segurança financeira e realização profissional. O termo **pequenos negócios** *(start-ups)* está muito associado a este tipo de empresas. Acontece que, nalguns casos, no início o objetivo do empreendedor era criar um pequeno negócio sem grande expectativa quanto ao seu sucesso, mas depois deteta que o negócio tem grande potencial de crescimento e aproveita esse potencial para criar grandes empresas ou mesmo grandes grupos económicos. Por exemplo, Bill Gates ou Mark Zuckerberg, quando lançaram as suas *start-ups, microsoft e facebook,* não faziam ideia que tivessem tanto sucesso e tanto potencial de crescimento como aconteceu na realidade, acabando por se transformar em duas das maiores empresas mundiais. Outras vezes, os empreendedores lançam o negócio com grande entusiasmo e expectativa de crescimento e acabam por verificar que afinal as expectativas de crescimento não se realizaram.

À medida que um negócio se vai desenvolvendo, são diferentes as exigências e capacidades que se colocam à gestão. Muitos negócios falham porque os gestores não sabem acompanhar a sua evolução e não adaptam a gestão às novas exigências que uma maior dimensão necessariamente exige.

Normalmente, um novo negócio passa pelas seguintes cinco fases de crescimento, que exigem diferentes capacidades e competências de gestão (Figura 1.2):

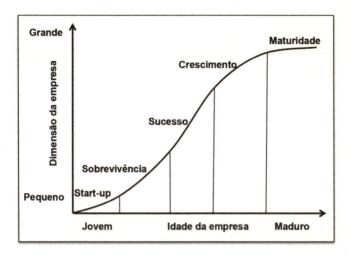

Figura 1.2 Fases do Processo de Empreendedorismo

1. **Start-up** – nesta fase os principais problemas são a fabricação do produto ou a prestação do serviço e a angariação de clientes. Aos gestores colocam-se problemas do tipo: Vamos conseguir clientes em número suficiente e vender os nossos produtos ou serviços? Vamos conseguir sobreviver? Temos meios suficientes?
2. **Sobrevivência** – nesta fase o negócio começa a demonstrar que tem pernas para andar. Começa a ter alguns clientes e o negócio começa a gerar o seu próprio autofinanciamento.
3. **Sucesso** – nesta fase a empresa é rendível, tem uma sólida situação financeira e tem estruturas organizacionais que garantem o seu funcionamento. O empreendedor pode continuar envolvido na gestão corrente ou começar a pensar em delegar funções em gestores profissionais.

4. **Crescimento** – nesta fase a questão que se coloca é como crescer rapidamente e como financiar esse crescimento. O empreendedor tem que criar uma estrutura em quem possa delegar e a empresa tem que assegurar o financiamento para sustentar o seu crescimento. Trata-se de uma fase crucial na vida da empresa. Se for gerida adequadamente, pode tornar-se numa grande empresa.
5. **Maturidade** – nesta fase a empresa ganha dinheiro. Tem recursos humanos e financeiros para ser gerida como uma empresa madura, com sistemas adequados de planeamento e controlo.

Um gestor que entre de novo num negócio deve ter em atenção a fase do ciclo em que se encontra e adaptar as atividades de planeamento, organização, liderança e controlo a essa fase. O planeamento formal é quase inexistente na fase inicial do empreendimento, mas é essencial a partir da fase de sucesso.

Nas duas primeiras fases de crescimento, a estrutura organizacional é tipicamente uma estrutura informal em que o empreendedor desempenha todas as funções na organização. A partir da fase de sucesso ganha forma a necessidade de dispor de uma estrutura funcional, com delegação de responsabilidades em áreas especializadas como as finanças, a produção e o marketing, com recurso a recrutamento externo ou a *outsourcing*. Nas últimas fases do processo, os gestores devem delegar e descentralizar responsabilidades. Em negócios com muitas linhas de produtos, o empreendedor deve pensar em criar equipas ou áreas de negócio para cada linha. Nestas fases, a empresa precisa de ter gestores competentes para cada área funcional e ter competências para crescer e eliminar os problemas que resultam do crescimento acelerado.

Até à fase de sucesso, o empenhamento e visão do empreendedor são suficientes para guiar o negócio. A visão e a personalidade do empreendedor contribuem para criar uma cultura de empresa que moldará o futuro da organização. A partir da terceira fase, o empreendedor deve procurar motivar e comunicar com os colaboradores e encontrar formas de os envolver no processo de tomada de decisão.

O controlo é essencial em todas as fases do crescimento. Nas fases iniciais, o controlo pode ser feito através dos registos contabilísticos e através da supervisão do empreendedor. Nas últimas fases, o controlo é mais complexo e torna-se necessário implementar sistemas mais sofisticados de controlo de gestão, com recurso a programas informáticos especializados.

Sucesso e Fracasso dos Negócios

Para cada caso de sucesso, em que o empreendedor consegue transformar um pequeno negócio numa grande empresa, há inúmeros casos de insucesso, em que os empreendedores falham nos seus objetivos e expectativas. Infelizmente, as estatísticas mostram que mais de 50% dos novos negócios não atingem o sucesso a longo prazo.

Antes de arrancar com um negócio, é crucial planear cuidadosamente, através da elaboração de um plano de negócios credível. Um plano de negócios é um documento em que o empreendedor especifica os detalhes do negócio e é essencial para persuadir os investidores e os financiadores a participarem no negócio.

Por muito bem elaborado que seja o plano de negócios e mesmo que seja bem implementado, são mais os negócios que falham do que os que têm sucesso.

A questão que se coloca é porque falham alguns negócios e outros têm sucesso? São várias as causas que induzem ao falhanço de muitos novos negócios, mas segundo estatísticas publicadas pelo Departamento de Comércio dos Estados Unidos (*U.S. Commerce Department, Small Business Administration*), cerca de 40% dos negócios falham por excesso de optimismo na previsão de vendas, cerca de 20% por falta de competitividade do produto ou serviço, cerca de 12% por custos excessivos nas fases de arranque e crescimento do seu ciclo de vida e 8% por falta de controlo dos objetivos e da cobrança dos rendimentos.

Embora não exista um padrão aplicável a todas as empresas, de uma forma geral podem apontar-se as seguintes **causas para o fracasso** dos negócios:

1. **Incompetência ou inexperiência** – alguns empreendedores acreditam demasiado no bom senso, sobrestimam as suas capacidades de gestão, ou acreditam que o trabalho por si só assegura o sucesso. Se os gestores não sabem tomar decisões ou não têm conhecimentos básicos dos princípios de gestão, têm todas as condições para o insucesso a longo prazo.
2. **Negligência e falta de empenhamento** – iniciar um novo negócio exige disponibilidade, esforço, dedicação e empenhamento, mas alguns empreendedores dedicam pouco tempo aos seus novos negócios.
3. **Sistemas de controlo ineficazes** – um sistema eficaz de controlo de gestão alerta os empreendedores para a existência de problemas potenciais que, se

não forem resolvidos atempadamente, podem pôr em causa o futuro do negócio.
4. **Insuficiência de recursos financeiros** – alguns empreendedores não cuidam de fazer uma cuidadosa análise das necessidades de capital, de modo a assegurar o funcionamento da empresa, enquanto o negócio não gera o seu próprio autofinanciamento.
5. **Deficiente análise do mercado e da procura** – uma cuidadosa análise das condições do mercado pode ajudar os empreendedores a avaliar a provável receptividade dos consumidores sobre os seus produtos.

Como razões que conduzem ao **sucesso** de novos pequenos negócios podem apontar-se as seguintes:

1. **Dedicação, empenhamento e trabalho árduo** – os empreendedores devem estar empenhados no sucesso do negócio e estar dispostos a dedicar o seu tempo e esforço à organização.
2. **Procura do mercado para os produtos ou serviços** – uma cuidadosa análise das condições do mercado pode ajudar os empreendedores a avaliar a recetividade dos consumidores aos seus produtos ou serviços.
3. **Competência da equipa de gestão** – os empreendedores devem adquirir competências através do treino e formação ou saber delegar competências em colaboradores qualificados.
4. **Controlo dos custos e das margens** – os empreendedores devem montar sistemas de controlo eficientes que atempadamente revelem os desvios das principais rubricas e as suas causas.

5. **Alguma sorte** – para o sucesso do negócio é sempre necessário alguma sorte, mas a sorte procura-se e dá muito trabalho.

Em qualquer caso e em qualquer negócio, cremos que, com as necessárias adaptações, são os seguintes os **factores chave do sucesso** de um negócio:

a) **Escolha do negócio** – antes de dar início ao negócio, o empreendedor deve encontrar respostas para as seguintes questões: Que produto ou serviço produzir? Qual o ciclo de vida do negócio? Encontra-se na fase de crescimento, maturidade ou declínio?

b) **Formação e experiência do empreendedor** – quais os conhecimentos e experiência do empreendedor sobre o produto e o mercado?

c) **Equipa de gestão competente e eficaz** – o empreendedor tem uma equipa interna e externa coesa e competente? A equipa interna é constituída pelos elementos que participam no arranque da empresa e a equipa externa é formada por consultores que prestam assistência em áreas específicas, como planeamento e estratégia, finanças, fiscalidade, etc..

d) **Capacidades organizativas e de inovação** – o empreendedor carateriza-se por elevadas capacidades organizativas e de inovação, enquanto o gestor, por norma, se carateriza por elevadas capacidades organizativas, mas fracas capacidades de inovação, o que significa que, para ter sucesso, o promotor do negócio deve ser um empreendedor.

e) **Atratividade da indústria** – uma indústria atrativa é uma indústria que apresenta elevado potencial de crescimento, rápidas mudanças tecnológicas, que não necessita de muito capital e de grandes investimentos e que não necessita de mão-de-obra intensiva. Uma indústria pouco atrativa é uma indústria com fraco potencial de crescimento, que requer elevados investimentos, muita mão-de-obra e cujas cinco forças competitivas de Porter são muito fortes.

Formas Alternativas de Empreendedorismo

Para além das formas de empreendedorismo tradicional levado a cabo por empreendedores independentes, nos últimos anos têm-se assistido ao desenvolvimento de formas alternativas de empreendedorismo, que se caracterizam por envolver menos riscos para o empreendedor, como o empreendedorismo empresarial promovido pelas próprias organizações (*corporate entrepreneurship* ou *intrapreneurship*), criação de novas empresas a partir de empresas existentes (*spin-offs*) ou contratos de franquia (*franchising*).

Empreendedorismo Empresarial

A intensidade competitiva que resulta fundamentalmente da actividade das pequenas e médias empresas (PME) mais dinâmicas, tem obrigado cada vez mais as grandes organizações a fomentar e promover a inovação e o empreendedorismo dentro das próprias empresas levado a cabo pelos colaboradores mais válidos e mais ambiciosos, evitando que se venham a estabelecer por conta própria, aumentando ainda mais a concorrência no setor.

A este tipo de empreendedorismo incentivado pelas próprias empresas, que facultam meios e condições aos seus colaboradores mais válidos, chama-se **empreendedorismo empresarial** (*corporate entrepreneurship*) ou **intraempreendedorismo** (*intrapreneursship*). Trata-se de uma forma de empreendedorismo em que os empregados das organizações promovem iniciativas com vista a desenvolver ou comercializar novos produtos dentro das empresas, utilizando recursos das próprias organizações.

Modernamente, muitos gestores vão mesmo mais além e em colaboração com os seus colaboradores mais talentosos, estão envolvidos, dentro das próprias organizações, na inovação, no desenvolvimento e melhoria de novos produtos e na forma como os produzir, nomeadamente pelo desenvolvimento e implementação de novos métodos de fabrico. Estes indivíduos, que desenvolvem projetos dentro das próprias organizações onde trabalham, designam-se por *intraempreendedores (intrapreneurs)* para os distinguir dos **empreendedores** independentes, que desenvolvem os seus próprios negócios.

Na realidade, muitos gestores e empregados com espírito empreendedor começam a ficar insatisfeitos se as suas ideias, com vista à melhoria do produto ou desenvolvimento de novos produtos ou novos métodos de fabrico, não merecem sistematicamente a atenção ou o apoio por parte dos seus chefes e acabam por abandonar as organizações onde trabalham para criarem as suas próprias empresas e porem em prática as suas ideias.

O resultado desta atitude é que os *intrapreneurs* tornam-se empreendedores, criam as suas próprias empresas e competem muitas vezes com as empresas de onde saíram. Para evitar perder estes colaboradores criativos e evitar que acabem por criar empresas que vão competir com as suas próprias empresas, os gestores mais conscientes procuram criar condições para que eles desenvolvam as suas ideias e os seus projetos dentro da própria organização, ou seja, facilitam o empreendedorismo dentro das próprias organizações.

O empreendedorismo empresarial é uma forma atrativa de empreendedorismo relativamente ao empreendedorismo independente, porque a empresa assume riscos e proporciona meios financeiros e outros recursos que o empreendedor teria dificuldade em obter pelos seus próprios meios. Em contrapartida, o *intrapreneur* não recebe os benefícios que poderia receber numa forma de empreendedorismo tradicional, se o negócio for bem-sucedido.

O empreendedorismo empresarial pode assumir duas modalidades. Pode tratar-se de uma estratégia definida ao nível da organização, em que a gestão promove, estimula e impulsiona de cima para baixo (*top-down*) o aparecimento de iniciativas inovadoras dos seus empregados ou da própria organização ou tratar-se de iniciativas individuais dos empregados, propostas de baixo para cima (*bottom-up*).

A intensidade competitiva, principalmente das pequenas empresas mais ágeis, tem forçado as grandes empresas a promoverem e encorajarem o empreendedorismo empresarial, como forma de aumentarem os seus níveis de inovação e de aprendizagem organizacional. As organizações que aprendem (*learning organizations*) encorajam e estimulam os seus empregados a identificar oportunidades de negócio e a resolver problemas, com vista a permitir à empresa servir melhor os seus clientes com novos produtos ou novos serviços. As organizações precisam de estimular o empreendedorismo entre os seus colaboradores (*intrapreneurship*) porque promove a aprendizagem organizacional e a inovação.

Há várias formas das organizações estimularem o empreendedorismo dentro das próprias empresas, como encorajar os indivíduos a assumirem o papel de "produto campeão", desenvolvendo os seus próprios planos de negócio, separar os novos projetos das operações normais da organização e associar o desempenho dos novos projetos ao sistema de inventivos, com seja o pagamento de bónus, a atribuição de ações (*stock options*) aos promotores se os projetos tiverem sucesso ou facilitar o acesso dos empreendedores bem-sucedidos a lugares de gestão de topo.

Desinvestimento e *Spin-Offs*

Por vezes as empresas, no âmbito das suas estratégias de negócio, decidem vender uma parcela dos seus negócios ou separar uma área de negócio mediante a criação de uma empresa independente. Pode haver várias razões para esta tomada de decisão. A venda de áreas de negócio que não interessa manter designa-se por **desinvestimento**.

Quando uma unidade de negócio ou um novo produto não se ajusta bem às linhas de produtos existentes da organização, a empresa pode decidir autonomizá-lo e criar uma empresa específica para o efeito. Por exemplo, uma empresa pode decidir concentrar-se no seu "*core business*" e vender as atividades não diretamente relacionadas com o seu negócio principal ou separar os negócios que apresentam fracos desempenhos.

Quando uma empresa decide separar uma área de negócio que não se ajusta bem ao seu tipo de negócios, com o objetivo de criar uma nova empresa para produzir um novo produto ou serviço e dessa forma aumentar o volume de negócios e os capitais próprios da organização, então estamos perante um **spin-off**. Um *spin-off* é uma forma de empreendedorismo independente que consiste na criação de uma nova unidade de negócio e na produção de um novo produto ou serviço que foi originado numa grande empresa e que acabou por se separar e se tornar autónomo.

Os *spin-offs* são mais comuns nas empresas de base tecnológica, porque algumas das novas tecnologias não se ajustam bem às competências principais (*core competencies*) da empresa mãe, o que constitui excelentes oportunidades para os *spin--offs*.

As grandes empresas e especialmente as empresas multinacionais encorajam a formação de *spin-offs* quando a tecnologia tem potencial comercial, criando, em muitos casos, parcerias com os gestores que arrancam com o *spin-off*.

Franquia (*Franchising*)

Uma outra forma menos arriscada e mais usual de arrancar com um negócio é o *franchising*. Quando se vende um negócio com uma marca e um produto no mercado em que a empresa pode utilizar a marca e todos os direitos de distribuir o produto, diz-se que se trata de uma operação de *franchise*.

O *franchising* tem vindo a alargar-se praticamente a todos os negócios, mas é mais comum nos setores da alimentação e da venda a retalho, como restaurantes, hotéis e venda a retalho de confeções e vestuário. McDonald's, Quality Inn, Starbucks, Wall Street, Chip7 e Midas são casos de *franchises* bem conhecidos.

Os contratos de *franchising* envolvem duas partes: um franchisador ou franqueador (*franchiser*) e um franchisado ou franqueado (*franchisee*).

O *franchising* é uma forma atrativa de empreendedorismo em que o franchisado assume poucos riscos, porque o franchisador fornece um produto já estabelecido no mercado com uma imagem favorável e beneficia da experiência e conhecimentos do franchisador, a que acresce muitas vezes apoio financeiro, formação, assistência na promoção do produto e apoio na gestão e controlo. O franchisador dá também apoio na localização e no *layout* das instalações, no desenho da loja e na compra do equipamento. Trata-se de uma forma alternativa de empreendedorismo muito em voga nos nossos dias, de fácil acesso e com vantagens inegáveis para o empreendedor relativamente ao empreendedorismo independente.

Empreendedorismo Social

No atual contexto económico e social tem emergido um novo tipo de empreendedorismo com finalidade diferente do empreendedorismo tradicional. O empreendedorismo social envolve indivíduos e grupos que criam organizações independentes para mobilizar ideias e recursos destinados a resolver problemas sociais. Os empreendedores sociais são líderes empenhados em conciliar a realização de bons negócios com a mudança da sociedade.

O objetivo do empreendedorismo social é criar novos modelos de negócio que vão de encontro às necessidades da sociedade e resolvam problemas sociais que as instituições públicas e sociais existentes, por constrangimentos burocráticos ou políticos, se mostram incapazes de resolver, como reduzir a pobreza, aumentar a literacia e proteger o ambiente. Os empreendedores sociais procuram mobilizar recursos para resolver problemas sociais através de soluções criativas.

O empreendedorismo social combina a criatividade, a capacidade para o negócio e o empenhamento do empreendedor tradicional com a missão de mudar o mundo para melhor e de apoio aos mais necessitados. O objetivo principal do empreendedorismo social é contribuir para uma sociedade melhor, em vez de maximizar os lucros, sem descurar a necessidade de obter lucros e assegurar a sua sustentabilidade. Veja-se o caso do microcrédito que, apesar de não ter como objetivo primário o lucro, tem crescido rapidamente e tem alargado a sua atividade a vários países.

Empreendedorismo e Novos Negócios

O planeamento de um novo negócio obriga o empreendedor a ponderar cuidadosamente os problemas associados ao início e desenvolvimento do negócio, que são as fases críticas de sucesso.

O primeiro passo para um empreendedor desenvolver um novo negócio é ter uma ideia de que é capaz de produzir um produto ou serviço que satisfaz melhor as necessidades dos consumidores do que os concorrentes. O passo seguinte é testar a viabilidade da ideia, isto é, verificar se o produto ou serviço se vende no mercado, o que implica fazer-se a análise do meio ambiente externo e das forças e fraquezas da ideia, através de instrumentos como a análise SWOT ou o Modelo das Cinco forças Competitivas de Porter.

Definido o negócio e depois de o empreendedor analisar a viabilidade da ideia, o passo seguinte é a elaboração de um **plano de negócios (*business plan*)** rigoroso e tomar decisões no sentido de concretizar essa ideia, tais como:

1. Escolher a forma jurídica mais adequada para a empresa – sociedade unipessoal, sociedade de pessoas (sociedade por quotas) ou sociedade de capitais (sociedade anónima).
2. Elaborar as projeções financeiras, tais como vendas e ganhos, gastos e cash-flows.
3. Elaborar as demonstrações financeiras previsionais, tais como o mapa de fluxos de caixa, demonstração de resultados previsionais e balanços previsionais.
4. Reunir os recursos necessários (capital e equipamentos) e as pessoas capazes de implementar e desenvolver o projecto com sucesso.

Muitos empreendedores elaboram um plano de negócios porque alguém o pede. Quando o empreendedor tem que contrair um empréstimo para o seu negócio, o banco pede o respetivo plano de negócios antes de conceder o empréstimo, ou um investidor precisa de um plano de negócios para decidir se financia o negócio, ou ainda o presidente para definir uma estratégia para a organização e fixar os objetivos precisa de um *business plan*.

São razões suficientes para a existência de um plano de negócios, mas os empreendedores são pessoas determinadas e costumam definir os seus próprios objetivos e determinar as suas próprias tarefas. Eles elaboram os seus planos de negócio não apenas para satisfazer as exigências de outros, mas porque compreendem a sua importância para atingir os objetivos.

Apesar do plano de negócios ser essencial para convencer os *stakeholders*, designadamente bancos e investidores, sobre a bondade do negócio, o empreendedor deve estar ciente de que os principais beneficiários da elaboração de um plano de negócios rigoroso não são os bancos ou os investidores, mas ele próprio. Estudos demonstram que *start-ups* com planos de negócio cuidadosamente elaborados têm mais probabilidades de ter sucesso do que as que não têm.

Um plano de negócio faz a ligação entre as capacidades e experiência do empreendedor e as exigências para produzir e vender um produto. Um plano de negócios define as estratégias para a produção e comercialização do produto, os aspetos legais, a organização administrativa e contabilística e o planeamento financeiro, que inclui o orçamento de tesouraria, orçamentos funcionais, demonstração dos resultados previsionais e balanço previsional. Em particular, um plano de negócios deve dar resposta a três questões fundamentais:

- Quais os objetivos e previsão de vendas?
- Que estratégias serão usadas para atingir os objetivos?
- Como serão implementadas essas estratégias?

Desenvolvimento de um Plano de Negócios

Um fator crítico que pode contribuir para o sucesso de um projeto é a elaboração de um plano de negócios criterioso. A principal finalidade de um plano de negócios é orientar o desenvolvimento de um novo negócio. Um plano de negócios é um documento escrito que especifica em detalhe o negócio, devendo incluir, pelo menos, os seguintes itens:

1. Sumário executivo
2. Descrição do negócio
3. Visão, missão e objetivos
4. Análise do meio envolvente
5. Produtos e Serviços
6. Análise do mercado
7. Gestão e organização
8. Plano de marketing
9. Plano financeiro
10. Avaliação e controlo dos negócios
11. Anexo com os documentos de suporte e projeções financeiras, como vendas, custos e cash flow.

Parte 1. Sumário Executivo

Encontrar resposta para as seguintes questões: "quem", "o quê", onde" e "como" quanto à empresa, à gestão, aos objetivos do negócio, ao modo de financiamento, às estratégias da empresa e do negócio, etc. O sumário executivo deve ser a última peça a elaborar, depois de analisados os planos de negócio das áreas funcionais. Tem como finalidade dar a conhecer, de forma objetiva e sintética, à gestão e aos *stakeholders* os principais objetivos e estratégias da organização.

Parte 2. Descrição do Negócio

Nesta secção deve ser feita uma descrição detalhada do negócio. Deve ser dada resposta à seguinte questão: "Qual é o meu negócio?" A resposta a esta questão deve incluir os produtos ou serviços a produzir, o mercado a servir, as competências distintivas e o que distingue o nosso negócio dos concorrentes.

A descrição do negócio deve prever o tipo de estrutura jurídica, o tipo de negócio, o produto ou serviço, a rendibilidade, as oportunidades de crescimento, data de arranque e *stakeholders*.

A descrição do negócio deve identificar claramente as metas e os objetivos e para onde ser pretende ir.

Parte 3. Visão, Missão e Objetivos

Nesta secção deve ser feita a análise da situação atual, em termos de rendibilidade, quota de mercado e produtividade. Descrever os objetivos, a visão e a missão da empresa para o sucesso. Deve fazer-se uma análise dos fatores críticos de sucesso, através da análise SWOT.

Parte 4. Análise do Ambiente Externo: Oportunidades e Ameaças

Nesta secção deve ser feita a análise do meio envolvente externo em termos de oportunidades e ameaças (análise SWOT). Dado que o mercado é, por natureza, volátil e competitivo, é importante conhecer bem os concorrentes.

Nesta secção, devem ser encontradas respostas para as seguintes questões:

- Quem são os cinco principais concorrentes diretos?
- Quem são os concorrentes indiretos?

- Como estão os negócios: Estão estáveis? A crescer? A decrescer?
- Quais são os trunfos e as fraquezas do negócio?
- Os resultados das campanhas promocionais têm produzido os efeitos desejados?
- Como diferem os nossos produtos ou serviços dos outros?

Uma boa prática é ter um ficheiro de cada concorrente e dos resultados das campanhas levadas a cabo e consultar regularmente os seus resultados.

Parte 5. Análise do Ambiente Interno: Trunfos e Fraquezas

Nesta secção deve ser feita a análise da estrutura da organização e da cultura e recursos da empresa, nos domínios do marketing, finanças, investigação e desenvolvimento (I&D), operações e logística, recursos humanos e tecnologias de informação.

Parte 6. Produtos ou Serviços

Descrever os produtos atuais e o desenvolvimento de novos produtos. Deve incluir a descrição das caraterísticas dos produtos, a análise da competitividade, a previsão de vendas e o posicionamento estratégico e expectativas do cliente em relação ao produto ou serviço.

A resposta a esta questão deve descrever a forma como o produto ou serviço beneficiará o cliente e como os produtos ou serviços que oferecemos se diferenciam dos concorrentes.

Parte 7. Análise do Mercado

Esta secção inclui o plano de marketing estratégico, designadamente a definição do mercado, as tendências do mercado, as estratégias de segmentação, *targeting* e posicionamento do produto. O elemento essencial de um plano de marketing bem-sucedido é conhecer os gostos, e expectativas dos clientes. Identificar os clientes pela idade, género, rendimento, nível educacional e área e tipo de residência.

O plano de marketing deve ser incluído no plano de negócios e conter respostas para as seguintes questões:

- Quem são os nossos clientes? Definir o *target* de mercado.
- O mercado estão em crescimento ou está estagnado ou mesmo em declínio?
- A quota de mercado está a crescer, estável ou em declínio?
- O mercado tem capacidade para se expandir?
- Como podemos aumentar a quota de mercado? Como podemos promover as vendas?

A política de preços é outra importante estratégia de marketing que pode melhorar a competitividade. Conhecer a estratégia de preços dos concorrentes e verificar se os preços estão em linha com os concorrentes e com a média da indústria.

A chave de sucesso é ter uma estratégia correta, estabelecer as políticas de preços e monitorizar constantemente os preços e os custos operacionais para assegurar a rendibilidade.

Parte 8. Formulação e Implementação da Estratégia de Negócio

Esta secção deve descrever como implementar as estratégias explicadas na parte 7, bem como a previsão de vendas por mês e por produto.

Parte 9. Gestão e Organização

Nesta secção deve ser feita a análise das equipas de gestão a diversos níveis, alocação dos recursos e estrutura organizacional. O plano de gestão deve dar resposta a questões como:

- Quais são os trunfos e as fraquezas da gestão e como podem ser compensadas?
- Quais são as necessidades de recursos e os planos de formação?
- Qual a política de salários, benefícios e planos de férias?

Parte 10. Plano Financeiro

Nesta secção deve ser feita a análise detalhada do planeamento financeiro da empresa, incluindo a análise do ponto crítico (*breakeven*), rácios chave (liquidez, autonomia financeira, solvabilidade, ROA, ROE, fundo de maneio), *cash flows* previsionais e projeções financeiras.

A primeira etapa para construir um plano financeiro é elaborar um orçamento realista determinando as necessidades de financiamento para o arranque do projeto e para sustentar o crescimento do negócio. O orçamento de arranque do projeto deve fazer uma previsão realista das despesas e a forma de financiar essas despesas.

Parte 11. Avaliação e Controlo

Nesta secção deverá ser elaborado um cronograma de execução de cada tarefa de modo a permitir fazer o acompanhamento e controlo da evolução do negócio.

Modelo Típico de um Plano de Negócios

Este exemplo de plano de negócios foi elaborado com base no *Business Plan Pro*, um software específico para o planeamento de negócios, publicado e comercializado pela *Palo Alto Software, Inc.*

Índice

1.0 Sumário Executivo
   1.1 Objetivos
   1.2 Missão
   1.3 Fatores chave de sucesso
2.0 A Empresa
   2.1 Finalidade
   2.2 Capital e titularidade
   2.3 Investimentos

2.4 Localização e instalações
3.0 Produtos ou Serviços
  3.1 Descrição do produto ou serviço
  3.2 Análise da concorrência
  3.3 Competências
  3.4 Tecnologia
4.0 Análise do Mercado
  4.1 Segmentação do mercado
  4.2 Estratégia de segmentação do mercado
    4.2.1 Necessidades do mercado
    4.2.2 Tendências do mercado
    4.2.3 Crescimento do mercado
  4.3 Análise da indústria
    4.3.1 Intervenientes na indústria
    4.3.2 Padrões de distribuição
    4.3.3 Fatores de concorrência
    4.3.4 Principais concorrentes
5.0 Estratégia e Implementação do Plano
  5.1 Estratégia de marketing
    5.1.1 Targeting e posicionamento
    5.1.2 Estratégia de marketing mix
  5.2 Estratégia de vendas
    5.2.1 Previsão de vendas (forecasting)
    5.2.2 Programas de vendas
  5.3 Alianças estratégicas
6.0 Plano de Gestão
  6.1 Estrutura organizacional
  6.2 Equipa de gestão
  6.3 Plano de pessoal
7.0 Plano Financeiro
  7.1 Pressupostos
  7.2 Indicadores financeiros
  7.3 Análise do ponto de equilíbrio (breakeven analysis)
  7.4 Demonstração dos resultados previsionais
  7.5 Cash flows previsionais
  7.6 Balanços previsionais
  7.7 Rácios de liquidez, de atividade, de estrutura e de rendibilidade
  7.8 Plano financeiro de longo prazo
Apêndices

Resumo do Capítulo

Muitas empresas começaram pela imaginação e capacidade de uma pessoa (o empreendedor) e tornaram-se grandes empresas e mesmo gigantes mundiais. Os empreendedores são pessoas que assumem o risco do seu próprio negócio. Empreendedorismo é o processo e busca de novas oportunidades de negócio em situações de risco. Mas nem todos os empreendedores têm os mesmos objetivos. Alguns pretendem apenas conseguir a sua independência, enquanto outros pretendem lançar o negócio com o objetivo de crescimento e expansão. Outros ainda lançam o negócio sem grandes expectativas de que tenham grande sucesso, mas acabam por se revelar negócios com grande potencial de crescimento.

No empreendedorismo, o falhanço não é a exceção, mas a regra. Cerca de 90% dos negócios falham ao fim do terceiro ano de vida, pelo que só cerca de 10% sobrevivem, crescem e florescem a longo prazo. Os negócios falham em cerca de 40% dos casos por excesso de otimismo na previsão de vendas, cerca 20% por falta de competitividade e cerca de 10% por excesso de despesas nas fases de arranque e crescimento do seu ciclo de vida.

Para minimizar as possibilidades de falhanço, o empreendedor deve fazer uma análise da atratividade da indústria, formar uma equipa competente e coesa e elaborar e implementar um rigoroso plano de negócios. Para ser bem-sucedido, qualquer negócio deve basear-se num plano de negócios realista que assegure que se atingem os objetivos de curto prazo e a viabilidade do negócio a longo prazo.

Mas a existência de um plano de negócios, apesar de ser um elemento essencial em qualquer negócio, por si só, não é suficiente para convencer os investidores ou financiadores a investirem no negócio. Os investidores investem em pessoas e ideias e não em planos. Um plano de negócios, apesar de ser essencial para convencer os investidores a acreditarem no negócio, é fundamentalmente um meio de facultar ao empreendedor e aos investidores toda a informação relevante sobre o negócio, o mercado e a indústria.

Mais recentemente, o empreendedorismo tem vindo a alargar-se para outras áreas que não a sua missão inicial, designadamente o intraempreendedorismo, o *franchising* e o empreendedorismo social, podendo este desempenhar um papel importante na atenuação dos problemas sociais das populações.

Questões

1. As qualidades de um empreendedor são inatas ou desenvolvem-se pela formação e experiência? Justifique e dê exemplos.
2. Atentas as caraterísticas dos empreendedores, que traços de personalidade são mais importantes para um gestor de uma grande empresa.
3. Se pretender iniciar um negócio, deve procurar uma ideia ou já deve ter uma ideia para lançar. Explique.
4. Pensa que um empreendedor que decide lançar um negócio depois de deixar um emprego por sua própria vontade ou um empreendedor que foi despedido, em virtude de um processo de *downsizing*, têm diferentes caraterísticas? Qual deles tem mais probabilidades de sucesso?
5. O que é um plano de negócios? Porque é importante a existência de um plano de negócios?
6. Suponha que um empreendedor lhe disse que tem sido bem-sucedido e que nunca elaborou um plano de negócios. Pergunta-lhe por que razão deve ter um plano de negócios. Que lhe responderia?
7. Porque deve um empreendedor ter um plano de negócios antes de arrancar com o negócio? Por que deve o dono de uma empresa existente preparar um plano de negócios?
8. Em que difere um plano de negócios de uma *start-up* do plano de negócios de uma empresa existente?
9. Qual o objetivo do sumário executivo de um plano de negócios?
10. Quais são as diferenças entre um empreendedor e um gestor?

11. Pode um indivíduo ser um empreendedor que ainda trabalha numa grande empresa? Explique.
12. Quais as vantagens de iniciar um negócio em *franchising*, como um restaurante McDonald's, em vez de um negócio independente? Quais são as desvantagens?
13. Suponha que um empreendedor lhe disse que tem sido bem-sucedido e que nunca elaborou um plano de negócios. Pergunta-lhe por que razão deve ter um plano de negócios. Que lhe responderia?

Referências

Abrams, R. (2003), The Successful Business Plan: Secrets & Strategies, Fourth Edition, The Planning Shop, Palo Alto, California.

Lambing, P. A. e Kuehl, C. R. (2007), Entrepreneurship, 4th edition, Prentice Hall, Pearson Education, Inc, Upper Saddle River, New Jersey.

Jones, G. e George, J. (2011), Contemporary Management, 7th edition, McGraw-Hill/Irwin, New York.

Mações, M. A. R. (2010), Orientação para o Mercado, Aprendizagem Organizacional e Inovação: As Chaves para o Sucesso Empresarial, Coleção Teses, Universidade Lusíada Editora, Lisboa.

Wood, M. B. (2007), The Marketing Plan Handbook, Third Edition, Pearson Education, Upper Saddle River, NJ.

Capítulo 2
Inovação e Mudança Organizacional

Uma vez definidos os objetivos e as estratégias do mercado, a função seguinte do gestor consiste em organizar os recursos materiais e humanos para atingir os objetivos propostos. Organizar é o processo pelo qual os gestores estabelecem a estrutura que define as relações de trabalho entre os membros da organização para atingir os objetivos pretendidos.

O meio ambiente está em constante mudança, pelo que as organizações ou de adaptam a essas mudanças do meio ambiente ou acabam dom o tempo por perder o controlo das suas atividades.

As organizações com elevado desempenho são aquelas que mudam constantemente e se adaptam às alterações do meio ambiente para se tornarem mais eficazes e eficientes.

Mudança organizacional é o movimento feito por uma organização no sentido de se deslocar do seu estado atual, que já não satisfaz para um estado futuro, que é desejado, de modo a responder às alterações do meio envolvente e aumentar a sua eficácia e eficiência.

Depois de ler e refletir sobre este capítulo, o leitor deve ser capaz de:

- Descrever centralização e descentralização como os elementos chave do processo de tomada de decisão.
- Definir mudança organizacional e explicar as forças que induzem a inovação e a mudança organizacional.
- Identificar as forças de resistência à mudança organizacional e como pode ser gerida.

Centralização e Descentralização

Alguns gestores tomam a decisão consciente de concentrar o mais possível a tomada de decisão aos níveis mais elevados da estrutura organizacional, enquanto outros decidem fazer descer a decisão para os níveis mais baixos da hierarquia. Outras empresas decidem manter a decisão a níveis intermédios entre aqueles dois extremos.

Numa **organização centralizada**, a maior parte das decisões são tomadas ao nível dos gestores de topo. A centralização permite aos gestores coordenarem as atividades de forma mais consistente ao longo da cadeia hierárquica. Por exemplo, a McDonald's mantem um nível de decisão centralizado, seguindo todos os restaurantes as mesmas regras na forma como compram os produtos ou como são embalados os diversos itens dos menus. A publicidade é feita ao nível da empresa e a publicidade local tem que ser aprovada pelo diretor regional. A centralização é comum em empresas que atuam em ambientes relativamente estáveis e previsíveis e também é típica em pequenas e médias empresas.

Nas **organizações descentralizadas** em muitas situações a tomada de decisão é delegada a vários níveis de gestão. A descentralização é típica em empresas que estão sujeitas a condições dinâmicas e complexas do seu meio envolvente. Isso torna uma empresa mais responsável por permitir aos gestores maior rapidez na decisão nas suas áreas de responsabilidade. A descentralização permite uma maior flexibilidade para responder às mudanças do meio ambiente.

A descentralização de funções tem vantagens evidentes, mas contém também alguns riscos. É vantajosa em unidades pequenas de negócio porque estão mais próximas do mercado, podem entender mais facilmente as necessidades dos clientes, podem ser mais ágeis e reagem mais rapidamente alterações das tendências do mercado. Poder agir mais rapidamente significa mais rapidez na tomada de decisão e na implementação da estratégia, o que é vital em mercados dinâmicos e competitivos. Por outro lado, descentralização implica responsabilidade pelos investimentos e resultados, o que contribui para ter colaboradores mais motivados e mais comprometidos com resultados.

A principal vantagem da descentralização é sem dúvida promover a motivação e a inovação nos negócios. O resultado é uma organização dinâmica e inovadora, capaz de ganhar vantagem competitiva relativamente aos concorrentes mais centralizados.

Todavia, a descentralização coloca alguns desafios às organizações. O principal desafio que se coloca às unidades descentralizadas é criar sinergias entre as diversas unidades de negócio. A descentralização e a consequente criação de unidades locais, pode envolver duplicação de serviços, ineficiências e perda de oportunidades de criação de valor para o cliente. Além disso, pode ser difícil para uma empresa dispor de recursos adequados para apoiar a diversidade de unidades de negócio em marketing, tecnologias de informação ou apoio comercial.

Um segundo desafio que se coloca à descentralização é responder estrategicamente ao nível da empresa às dinâmicas do mercado. O que é estrategicamente relevante para uma unidade de negócio, pode não ser para outra ou para a empresa como um todo.

Uma forma de atenuar os efeitos negativos da descentralização é fazer um controlo centralizado ao nível da empresa, através de um controler de gestão, dependente do CEO, com capacidade para controlar todas as decisões estratégicas e táticas e poder para as implementar ou pelo menos controlar a sua implementação.

Inovação Organizacional

O conceito de inovação tem várias aceções, podendo incluir coisas tão diversas como a adoção de novas soluções tecnológicas ou de novos processos de fabrico, o lançamento de novos produtos ou novos serviços, a competição em novos mercados, o estabelecimento de parcerias com clientes, fornecedores ou concorrentes, ou a melhoria da qualidade de produtos ou serviços já existentes ou mesmo a introdução de uma nova forma de organização institucional.

Desde Schumpeter (1938) que o conceito de inovação tem vindo a ser tema de discussão e é hoje tópico obrigatório de investigação de várias disciplinas dos estudos da organização, que vão desde o marketing à sociologia, passando pela gestão empresarial e comportamento organizacional.

Apesar das divergências entre os autores acerca do conceito de inovação organizacional, é hoje comumente aceite que a inovação é a adoção de uma ideia nova ou de um novo comportamento por parte das organizações. O conceito de inovação é muito vasto, podendo referir-se a novos produtos, novos serviços, novas tecnologias ou novos métodos de trabalho ou processos operativos.

Basicamente, as definições de inovação organizacional podem classificar-se em quatro categorias:

1. **Ótica do produto** – enfatiza os resultados da inovação a nível da produção e a medida de inovação é baseada no lançamento de novos produtos ou produtos melhorados.
2. **Ótica do processo** – a inovação é um processo, sendo avaliada como uma sequência de processos ou estádios.
3. **Ótica do produto e do processo** – esta corrente dual considera que o conceito de inovação pode definir-se tanto do ponto de vista do produto como dos processos e que os resultados devem ser integrados.
4. **Ótica múltipla** – considera que quer a ótica do produto quer a ótica do processo apenas consideram a vertente da inovação tecnológica na definição de inovação, incluindo o produto, o processo ou a tecnologia e ignoram a vertente da inovação de gestão ou inovação de marketing, que também devem ser consideradas na definição de inovação. É a ótica que tem vindo a ser considerada nos trabalhos de investigação mais recentes.

A classificação de inovação varia com os diferentes pontos de vista dos investigadores. Entre as numerosas tipologias avançadas na literatura, três pares de tipos de inovação têm merecido especial atenção: **inovação administrativa versus inovação tecnológica, inovação do produto versus**

inovação de processos e inovação radical versus inovação incremental.

A distinção entre inovação administrativa e inovação tecnológica é importante porque está relacionada com uma distinção mais ampla entre estrutura social e tecnologia. A inovação administrativa e a inovação tecnológica implicam processos de decisão diferentes e juntas representam mudanças introduzidas num vasto conjunto de atividades da organização.

As inovações tecnológicas estão relacionadas com as atividades de produção e podem respeitar a produtos, serviços ou tecnologia dos processos produtivos. As inovações administrativas envolvem a estrutura organizacional e os processos administrativos, estão indiretamente relacionadas com as atividades básicas da produção e mais diretamente com as práticas de gestão.

A inovação radical é a mudança que ocorre de forma brusca e inflexível nas ideias, nas atitudes e na tecnologia e que resulta na criação de um novo conceito do produto ou de serviço. Por sua vez, a inovação incremental consiste em incorporar melhorias contínuas ou pequenas mudanças nos produtos ou processos, de forma a melhorar a qualidade ou a redução de custos e aumentar o ciclo de vida dos produtos ou serviços. Fortalece e alarga as qualidades e funcionalidades dos produtos existentes, sem alterar a sua estrutura e as conexões entre os componentes do produto.

Todas estas categorias de inovação estão altamente relacionadas, o que significa que uma inovação de um tipo é capaz de criar mudanças adicionais numa ou em mais das outras categorias:

1. **Inovação de produto** – refere-se à introdução de um produto ou serviço ou à melhoria significativa de um produto ou serviço existentes no que concerne às suas caraterísticas ou funcionalidades.
2. **Inovação de processo** – refere-se à implementação de um novo método de produção ou distribuição e à melhoria do processo de decisão e do sistema de informação.
3. **Inovação na estrutura organizacional** – refere-se à implementação de um novo método organizacional nas práticas de gestão, na organização do local de trabalho, nas relações com os principais *stakeholders*, nos sistemas de comunicação ou no sistema de incentivos.
4. **Inovação de marketing** – refere-se à implementação de um novo sistema de marketing com mudanças significativas ao nível do produto, do posicionamento, da fixação de preços ou das políticas de promoção e distribuição.

Apesar das divergências entre os autores, podemos dizer que há fundamentalmente dois tipos de inovação:

1. **Inovação administrativa** – refere-se às políticas de recrutamento e alocação de recursos e à estruturação de tarefas, à estrutura organizacional e ao sistema de incentivos.
2. **Inovação tecnológica** – refere-se à implantação de uma nova ideia para a criação de um novo produto, um novo serviço ou um novo processo.

As inovações tecnológicas estão usualmente relacionadas com a introdução de novos produtos e novas tecnologias, enquanto as inovações administrativas estão relacionadas com a inovação de técnicas administrativas para melhorar a gestão e o desempenho das atividades organizacionais.

Gestão da Mudança Organizacional

Senior e Swalles (2010) sugerem que a maioria dos gestores em determinada altura sente a necessidade de mudar alguma coisa nas suas organizações. A mudança organizacional é a adoção de uma nova ideia ou de um novo comportamento por uma organização, a qual pode dar-se ao nível das pessoas, da estrutura ou da tecnologia.

O modelo concetual constante da Figura 2.1 pode ser usado para identificar e posicionar as forças que podem induzir um processo de mudança organizacional.

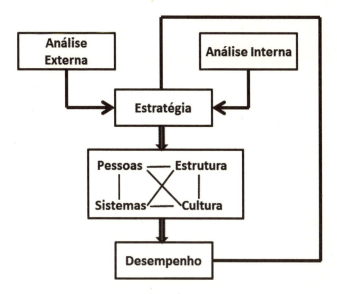

Figura 2.1 Uma Estrutura para Analisar Organizações

A mudança organizacional é essencial para o sucesso a longo prazo de uma organização e pode ser induzida por forças externas do meio envolvente, como o mercado, a tecnologia, as leis, os regulamentos e mudanças económicas, ou por forças internas, como os colaboradores, a cultura organizacional, a introdução de novas tecnologias, o desenvolvimento de novos produtos ou as mudanças na força de trabalho.

Muita da pressão a que as empresas estão sujeitas resulta das relações com clientes, fornecedores e empregados. As forças ambientais incluem estas relações comerciais, bem como a tecnologia, as forças do mercado, agências políticas e regulatórias e as leis e regulamentos. A evolução tecnológica introduzida pela Amazon que vende livros pela internet em vez de os vender em armazéns, forçou as grandes editoras a mudarem a sua forma de distribuição incluindo também a distribuição de livros pela internet.

As forças internas de mudança podem surgir como reacção a acontecimentos que se registaram na organização. Na maior parte dos casos, a mudança organizacional é introduzida pelos gestores, mas pode também ser originada nos trabalhadores.

Implementação da Mudança

A mudança que é iniciada pelos gestores chama-se **mudança de cima para baixo (*top-down change*)**, ou seja, é imposta pela gestão de topo e desce até aos gestores de primeira linha. Esta mudança pode ser implementada rapidamente e é muitas vezes usada como resposta a crises. As pessoas que atuam como catalisadores e assumem a responsabilidade pela gestão da mudança chamam-se **agentes da mudança** e podem ser quadros da empresa ou consultores externos.

A **mudança de baixo para cima (*bottom-up change*)** é originada nos trabalhadores. Este tipo de mudança é mais lento que a mudança de cima para baixo. Geralmente começa em reuniões entre os empregados e os supervisores e depois é discutida entre os supervisores e os gestores intermédios. Depois é analisada e aprovada ou modificada em reuniões entre os gestores intermédios (diretores) e a gestão de topo (administração).

Mudança organizacional é o movimento de uma organização de um estado atual para um futuro desejado, tendo em vista a melhoria da eficácia e da eficiência. Para ser bem-sucedido, o processo de mudança organizacional deve ser bem ponderado pelos gestores e seguir as seguintes etapas (Figura 2.2):

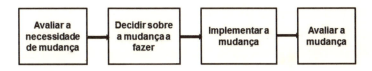

Figura 2.2 Etapas do Processo de Mudança Organizacional

Gestão da mudança é um processo eficaz de alocação de recursos de forma a transformar a organização, com o objetivo de melhorar a sua eficácia. Existem diversas condicionantes que influenciam o processo de mudança de uma organização, como o nível de recursos de que a organização dispõe, o setor em que se insere, a maior ou menor necessidade de mudança, a qualidade da gestão e o ambiente político, económico, social, tecnológico e legal.

Vimos a propósito da teoria contingencial, que a organização deve alinhar-se com o seu meio envolvente que está em permanente mudança. Académicos e gestores concordam que as constantes mudanças do meio envolvente, a sua imprevisibilidade e o seu impacto na gestão da organização são maiores do que nunca. Novos produtos, novos processos e novos serviços estão a aparecer a uma taxa nunca vista no passado. Os mercados locais têm-se transformado em mercados globais e as indústrias estão sujeitas a uma concorrência cada vez mais intensiva.

Como forma de encontrar resposta para as alterações bruscas do meio envolvente, as organizações desenvolvem estratégias e processos de mudança organizacional, como **reestruturação,** *downsizing*, **programas de mudança cultural, processo de reengenharia,** *empowerment*, **programas de desenvolvimento de competências e capacidades, novos modelos de negócio** e o **desenvolvi-**

mento de novos produtos e serviços. Nos últimos vinte anos foram desenvolvidos e implementados múltiplos processos de mudança organizacional, mas não devemos andar muito longe da verdade se dissermos que muitos deles se caraterizaram por rotundos fracassos.

Parece não restar dúvidas de que a gestão da mudança é um processo muito difícil e arriscado, que requer uma perspetiva multidisciplinar e um conhecimento profundo das organizações, da estratégia, da gestão da inovação e mudança, dos sistemas e das teorias comportamentais.

A inovação nos produtos e serviços é a principal via pela qual as organizações se adaptam às mudanças no meio envolvente, nos mercados, na tecnologia e na concorrência. A inovação no produto é a mudança nos *outputs* do produto ou serviço da organização. Quando a Toyota lançou o modelo híbrido Prius, os concorrentes disseram que aquela tecnologia não teria sucesso. Todavia, hoje todas as marcas estão a caminhar no sentido de introduzirem modelos híbridos no mercado. As mudanças nos produtos estão relacionadas com mudanças na tecnologia da organização. A mudança na tecnologia é uma mudança no processo de produção da organização que visa tornar a produção de um produto ou serviço mais eficiente.

Há fundamentalmente três formas de incentivar a **inovação nos produtos e na tecnologia** numa organização:

1. Desenvolver uma **estratégia de negócio** em que os gestores criem uma estrutura que promova e estimule a criatividade, a imaginação e a geração de novas ideias. O sucesso da Zara deve-se, em grande parte, à forte aposta na contratação de jovens *designers* de diferentes culturas, mas com elevada criatividade, lo-

calizados em diferentes partes do mundo e lançar os modelos propostos.

2. Desenvolver uma **estratégia de cooperação** em que os gestores criem mecanismos que estimulem a cooperação interna e o estabelecimento de parcerias com fornecedores e clientes que facilitem a partilha de conhecimentos. Os indivíduos e organizações exteriores à organização podem ser importantes fontes de ideias inovadoras. A falta de inovação nos produtos e nos processos é hoje apontada como um dos principais problemas das organizações e uma das principais causas de perda de competitividade internacional.

3. Desenvolver uma **estratégia de empreendedorismo** em que os gestores criem mecanismos que assegurem que as novas ideias são estimuladas, aceites e implementadas. Os gestores podem estimular o empreendedorismo na organização apoiando as atividades empreendedoras, alocando recursos humanos à investigação e desenvolvimento, dando algum grau de autonomia às pessoas e incentivando a aprendizagem e formação.

As empresas que têm sucesso na inovação têm usualmente as seguintes caraterísticas:

1. Os técnicos de marketing têm um bom conhecimento das necessidades atuais e potenciais dos clientes.
2. Os técnicos do departamento de produção estão atualizados em termos dos mais recentes desenvolvimentos tecnológicos e fazem uso das novas tecnologias.
3. Os membros dos departamentos chave, como a pesquisa e desenvolvimento, o marketing e a produção,

comunicam e cooperam entre si no desenvolvimento de novos produtos e novos serviços.

Tipos de Mudança Organizacional

Antes de desencadearem qualquer processo de mudança, os gestores devem saber muito bem o que pretendem mudar. Em qualquer processo de mudança organizacional, os gestores enfrentam três principais tipos de alterações: na **estrutura,** na **tecnologia** ou nas **pessoas** (Figura 2.3):

Estrutura	**Tecnologia**	**Pessoas**
Relações de autoridade	Processos de trabalho	Atitudes
Mecanismos de coordenação	Métodos	Expectativas
Redesenho de funções	Equipamentos	Perceções
Controlo		Comportamento-individual e de grupo

Figura 2.3 Tipos de Mudança Organizacional

Mudanças no meio envolvente externo ou nas estratégias organizacionais muitas vezes induzem **mudanças na estrutura organizacional**. Como uma estrutura organizativa define como e quem executa o trabalho, os gestores podem alterar um ou ambos destes componentes estruturais. Por exemplo, podem ser combinadas as responsabilidades dos departamentos, eliminados determinados níveis hierárquicos, ou aumentar o número de pessoas que um gestor supervisiona. Podem ser implementadas regras e procedimentos para aumentar a estandardização, ou valorizadas as funções dos trabalhadores através da delegação de poderes e competências.

A mudança organizacional pode implicar mesmo alterações profundas no *design* estrutural, como eliminação de divisões de produtos, ou mesmo alterar uma estrutura funcional numa estrutura divisional por produtos, por mercados ou por áreas geográficas. É o que acontece muitas vezes em processos de fusão ou aquisição, que podem implicar a eliminação de estruturas redundantes.

Os gestores podem também implementar **mudanças na tecnologia** usada para converter os *inputs* em *outputs*. O conceito de mudanças tecnológicas tem vindo a evoluir, envolvendo hoje não apenas a melhoria na eficiência da produção, mas também a introdução de novos equipamentos, ferramentas ou métodos de fabrico, automação, informatização e sistemas de informação.

A **mudança nas pessoas** envolve mudança nas atitudes, expectativas, perceções e comportamentos ao nível dos indivíduos ou de grupos. Desenvolvimento organizacional é o termo usado para descrever as mudanças nos métodos que incidem nas pessoas. São várias as técnicas de desenvolvimento organizacional, mas todas elas visam fazer com que as pessoas trabalhem melhor em grupo. Contudo, dadas as diferenças culturais, algumas técnicas de desenvolvimento organizacional podem funcionar muito bem num país e não funcionar noutros países, pelo que os gestores, antes de aplicarem essas técnicas nas suas organizações, devem certificar--se de que tomaram em conta as caraterísticas culturais e se essas técnicas fazem sentido para a cultura local.

O Processo de Mudança Organizacional

Podem ser usadas diferentes metáforas para descrever o processo de mudança. A **metáfora das águas calmas** imagina a organização como um grande navio que cruza um grande oceano de águas calmas. O capitão e a tripulação sabem perfeitamente para onde querem ir, porque a viagem foi preparada calmamente com muita antecedência. A mudança surge na forma de uma tempestade ocasional, como uma pequena perturbação na viagem. Na metáfora das águas calmas, a mudança é vista como uma disrupção ocasional no normal fluir dos acontecimentos.

Na **metáfora das águas turbulentas** a organização é vista como um bote descendo um rio com uma corrente muito forte e com rápidos ininterruptos. No bote estão pessoas que nunca remaram juntas, não conhecem o rio e não sabem muito bem para onde pretendem ir e estão a navegar com uma visibilidade muito má.

Estas duas metáforas representam abordagens muito diferentes sobre a forma como perceber e dar resposta à mudança organizacional.

Metáfora das Águas Calmas

De acordo com Kurt Lewin (1951), da Universidade de Iowa, o processo de mudança em águas calmas desenvolve-se em três fases – **descongelar** (*unfreezing*), **mudar** (*change*) **e recongelar** (*refreezing*) (Figura 2.4):

Figura 2.4 Fases do Processo de Mudança

A primeira fase do processo de mudança tem que ver com descongelar o estado de coisas no momento da mudança. A segunda etapa trata de mudar para um novo estado por meio da participação e envolvimento das pessoas. A terceira fase visa recongelar e estabilizar o novo estado de coisas, definindo uma política, recompensando o sucesso e estabelecendo novos padrões de atuação.

De acordo com o modelo de Lewin, o processo de mudança pode ser planeado, o que implica o descongelamento da situação atual, a mudança para um novo estado e o recongelamento da mudança para que seja permanente. O descongelamento é a fase de preparação do processo de mudança na qual as velhas práticas são abandonadas. É uma fase fundamental para que a mudança aconteça. Para Lewin, a mudança significa a passagem de uma fase para outra diferente. A mudança implica transformação, perturbação, desconfiança, rutura, dependendo da sua intensidade.

A mudança pode ser feita impulsionando as forças condutoras de mudança, pela redução ou eliminação das forças de resistência à mudança, ou pela combinação de ambas. Segundo Lewin, a resistência à mudança ocorre quando um indivíduo ou um grupo tenta impedir o sistema de atingir um novo patamar de equilíbrio.

Feito o descongelamento, a mudança para uma nova situação pode então ser implementada, mas a mera introdução da mudança não assegura que seja feita. O recongelamento é necessário para evitar retrocessos à situação anterior à mudança e para que a mudança seja sustentada ao longo do tempo. O objetivo do recongelamento é estabilizar a nova situação reforçando novos comportamentos.

Metáfora das Águas Turbulentas

Esta metáfora tem em conta que o meio ambiente é incerto, dinâmico e competitivo. No mundo real dos nossos dias, a estabilidade e previsibilidade da metáfora das águas calmas não existe. Nos nossos dias, em que a concorrência é muito forte, os gestores, para terem sucesso, são forçados a mudar continuamente.

Uma organização que trate os sinais de mudança como distúrbios ocasionais e temporários num mundo calmo e estável corre sérios riscos de sobrevivência. No mundo dos negócios tudo está a mudar muito rapidamente para que uma organização ou os seus gestores sejam complacentes.

Dada a incerteza e complexidade do mundo atual, os gestores a todos os níveis devem estar permanentemente preparados para gerir, de forma eficaz e eficiente, as mudanças por que passam as suas organizações ou as suas áreas de trabalho.

Gestão da Resistência à Mudança

O descongelamento implica a resistência à mudança, porque implica inevitavelmente mexer com posições instaladas, o que gera desconfiança, medo e ansiedade nas pessoas.

Antes de desencadearem qualquer processo de mudança, os gestores devem estar bem cientes das estratégias a implementar, das soluções alternativas e da forma como vencer as **resistências à mudança**. Devem começar por definir os contornos da mudança e explorar o que querem mudar na organização. Devem identificar os tipos de mudança e discutir a necessidade de mudança.

Todos sabemos que é melhor para a saúde ter uma alimentação equilibrada e ter uma vida ativa, mas poucos seguem este conselho e continuam a ter uma alimentação desregrada e a ter uma vida sedentária. As pessoas resistem à mudança porque a mudança pode ser uma ameaça para as pessoas numa organização. As organizações criam inércia que motiva as pessoas a resistirem a mudar o seu *status quo*, mesmo que a mudança possa ser benéfica.

Então, pode perguntar-se porque as pessoas resistem à mudança e que podem os gestores fazer para minimizar as suas resistências? As principais razões porque resistem à mudança incluem o medo do desconhecido, o medo de perder alguma coisa de valor e acreditar que a mudança é incompatível com os objetivos e interesses da organização (Figura 2.5):

Figura 2.5 Resistência à Mudança

A primeira causa de resistência à mudança é o medo de trocar o certo pelo incerto. A segunda causa de resistência é o medo de perder o que já adquiriram. Uma última causa é a crença de que a mudança seja incompatível com os objetivos e interesses da organização. Se um colaborador acredita que um novo procedimento ou método de fabrico reduzirá a produtividade ou a qualidade do produto, então ele resistirá à mudança.

Quando os gestores vêem a resistência à mudança como um processo disfuncional, o que podem fazer para reduzir essa resistência? Várias estratégias têm sido sugeridas para lidar com a resistência à mudança, que incluem **educação e comunicação, envolvimento dos empregados, facilitação e apoio da gestão de topo, negociação, cooperação e coação**.

A educação e comunicação podem ajudar a reduzir a resistência à mudança ajudando os empregados a ver a lógica do esforço de mudança. Esta técnica assume que muita da resistência resulta de desinformação ou de falta de informação.

O envolvimento dos empregados envolve a chamada à participação na tomada de decisão dos indivíduos diretamente afetados pelo processo de mudança. A sua participação permite-lhes expressar os seus sentimentos, aumenta a qualidade do processo e aumenta o envolvimento dos empregados na decisão final.

A facilitação e apoio envolvem o apoio da gestão de topo aos empregados em lidar com o medo e a ansiedade associados ao esforço de mudança. Esta ajuda pode incluir o aconselhamento, a terapia e a formação e aquisição de novas competências ou capacidades.

A negociação envolve trocar alguma coisa de valor por um acordo que reduza a resistência ao esforço de mudança. Esta técnica de resistência pode ser perfeitamente usada quando a resistência resulta de uma fonte poderosa.

A manipulação refere-se a tentativas de influenciar os outros acerca da mudança. Pode envolver distorção de factos de modo a parecer que a mudança apareça mais atrativa.

Finalmente, a coação pode ser usada para lidar com a resistência à mudança e envolve o uso de ameaças diretas ou da força contra os resistentes.

Todas estas técnicas devem ser vistas pelos gestores como instrumentos de redução da resistência à mudança, devendo ser usadas as mais apropriadas, em função das vantagens e desvantagens que apresentam e do tipo e fonte de resistência.

Resumo do Capítulo

Muitas vezes as organizações têm necessidade de mudar para responder a alterações do meio ambiente externo ou em resposta a acontecimentos imprevisíveis que se verificaram dentro das próprias organizações. As organizações têm de responder à necessidade de mudar e os gestores têm de avaliar a necessidade de mudança, decidir que mudanças devem fazer, implementar a mudança e avaliar os resultados da mudança.

Neste capítulo, foi estudado o processo de mudança e de resistência à mudança, analisadas as suas causas e apresentadas estratégias e técnicas para lidar com o fenómeno, como educação, comunicação, negociação, participação, cooperação e coação.

Questões

1. Como gestor, como lidaria com a resistência à mudança quando suspeita que o medo dos trabalhadores de perderem os seus empregos é bem fundamentado?
2. O que entende por forças internas e forças externas de mudança? Que forças são causas de mudança numa universidade? E na indústria do turismo?
3. Compare as metáforas organizacional das águas calmas e das águas turbulentas no processo de mudança organizacional.
4. Quais são as três fases do modelo de mudança organizacional de Lewin? Como podem os gestores usar este modelo?
5. Descreva as técnicas que os gestores podem usar para reduzir a resistência à mudança.
6. Em que circunstâncias uma tática coerciva de gestão da mudança pode ser a mais efectiva? Em que circunstâncias uma tática coercisa provocar grande resistência à mudança?

Referências

Chandler, A. (1962), Strategy and Structure, MIT Press, Cambridge, MA.

Daft, R. L., Kendrick, M. & Vershinina, N. ((2010), Management, South-Western, Cengage Learning EMEA, United Kingdom.

Jones, G. & George, J. (2011), Contemporary Management, 7th edition, McGraw-Hill / Irwin, New York.

Olson, E, Slater, S. & Hult, G. (2005), The importance of Structure and Process to Strategy Implementation, Business Horizons, 48, pp 47-54.

Robbins, S. P. & Coulter, M. (2014). Management, Twelfth Edition, Pearson Education, Inc. Upper Side River, New Jersey.

Senior, B. & Swalles, S. (2010), Organizational Change, Ed. 4 Pearson Education, New Jersey.